ANTOINE DE SAINT-EXUPÉRY

O Pequeno Príncipe®

A inesquecível e mais bela história para crianças de todas as idades

COQUETEL

O Pequeno Príncipe®
LPP612 Property

www.opequenoprincipe.com

Tradução e adaptação: © Sheila Dryzun

DIRETORIA: Jorge Carneiro e Rogério Ventura;
DIREÇÃO EDITORIAL: Daniele Cajueiro;
COORDENAÇÃO EDITORIAL: Eliana Rinaldi;
EDIÇÃO: Débora Justiniano;
GERÊNCIA DE PRODUÇÃO: Adriana Torres;
PROJETO GRÁFICO: Larissa Fernandez Carvalho e
Letícia Fernandez Carvalho;
ILUSTRAÇÃO: Ulisses José de Araújo;
REVISÃO: Islaine Lemos e Maria Flavia dos Reis;
PRODUÇÃO GRÁFICA: Jorge Silva;
MARKETING: Juliana Ferreira.

Editora Nova Fronteira Participações S.A.
Rua Candelária, 60 — 7º andar — Centro — 20091-020
Rio de Janeiro — RJ — Brasil
Tel.: (21) 3882-8300

Ficha catalográfica elaborada pela bibliotecária
Tatiana D'Almeida – CRB 7022

S144p
Saint-Exupéry, Antoine De.
O Pequeno Príncipe / Antoine De Saint-Exupéry ; ilustrações de Ulisses Araújo e Antoine De Saint-Exupéry. Rio de Janeiro : Coquetel, 2020.
68 p.; il.; 22 x 31 cm

ISBN: 9786558430100

1.Passatempo. 2. Curiosidades. 3. Labirintos.
4. Título.

CDD 036.9

Seja bem-vindo a mais um livrão do Pequeno Príncipe! Nesta edição, o objetivo é encontrar a solução dos labirintos, as curiosidades escondidas nos pinta-pontos, além de se encantar com o alfabeto do principezinho e um teste de personalidade para descobrir com qual personagem dessa obra inesquecível você se parece!

Suas mãos e seus olhos estão sincronizados? Pois você vai precisar de muita atenção para não pintar fora da linha... E, claro, ter uma boa noção de espaço, para não ficar preso em dezenas de labirintos de tirar o fôlego!

Era uma vez um Pequeno Príncipe que vivia muito só em um planeta... Vamos segui-lo em suas aventuras?

O Pequeno Príncipe morava em um asteroide tão pequeno, que bastava afastar a cadeira para ver um novo pôr do sol.

— Eu gosto de assistir ao pôr do sol — disse o principezinho. — Um dia eu vi o sol se pôr quarenta e quatro vezes!

Percorra o caminho correto e descubra o nome do meu asteroide.

O principezinho tinha muito trabalho. Precisava cuidar de seus vulcões. Um deles já estava extinto, mas assim mesmo o príncipe sempre o revolvia. Os outros vulcões o ajudavam com seu calor.

Siga o caminho correto e descubra de quantos vulcões o principezinho cuidava.

O Pequeno Príncipe precisava ainda arrancar as raízes dos baobás antes que se transformassem em árvores enormes. Elas poderiam rachar o planeta dele!

— É uma questão de disciplina — dizia. — De manhã, após nossa higiene, a gente faz a higiene do nosso planeta.

Percorra o caminho correto e ajude o principezinho a cuidar do planeta.

Dica: passe pelos três baobás que estão no caminho.

Um dia nasceu uma planta diferente. Ela demorava horas para se arrumar no seu quarto verde. Alisava as pétalas, uma a uma, pois não queria aparecer toda amarrotada, como se fosse um cravo. Mas, quando desabrochou, o principezinho ficou surpreso: era uma flor maravilhosa!

Pinte com as cores da legenda e descubra o que encantou o menino de cabelos dourados.

O Pequeno Príncipe passou a cuidar da rosa com muito carinho, mas ela parecia não reconhecer toda essa dedicação. Dizia:

— Faz muito frio no teu planeta! Está mal instalado! De onde eu venho... — e tossia duas ou três vezes para pôr a culpa nele.

Percorra o caminho correto e ajude o principezinho a chegar até sua rosa.

Aquela rosa era uma flor muito caprichosa e exigente. Tossia um pouquinho e reclamava de tudo. Dizia que era única em todo o universo:

— Eu não tenho medo dos tigres. Veja minhas garras! — e mostrava seus espinhos.

Existem várias rosas, mas, para o menino, a dele é a única. Ache o caminho correto e encontre-a, mas evite o caminho do tigre!

O Pequeno Príncipe decidiu partir. Arrumou bem o planeta e foi cobrir a rosa para protegê-la dos bichos. Mas ela não quis a redoma e disse:

— É preciso que eu tolere duas ou três lagartas se quiser conhecer as borboletas.

Ajude a rosa a conhecer as borboletas; para isso, antes passe pelo caminho das lagartas.

O menino do cabelo dourado disse adeus à sua rosa e aproveitou uma carona dos pássaros selvagens que estavam voando pelo seu asteroide para conhecer amigos e visitar outros planetas.

Há muitos pássaros selvagens. Ajude o Pequeno Príncipe a encontrar a fita principal que o sustentará no voo.

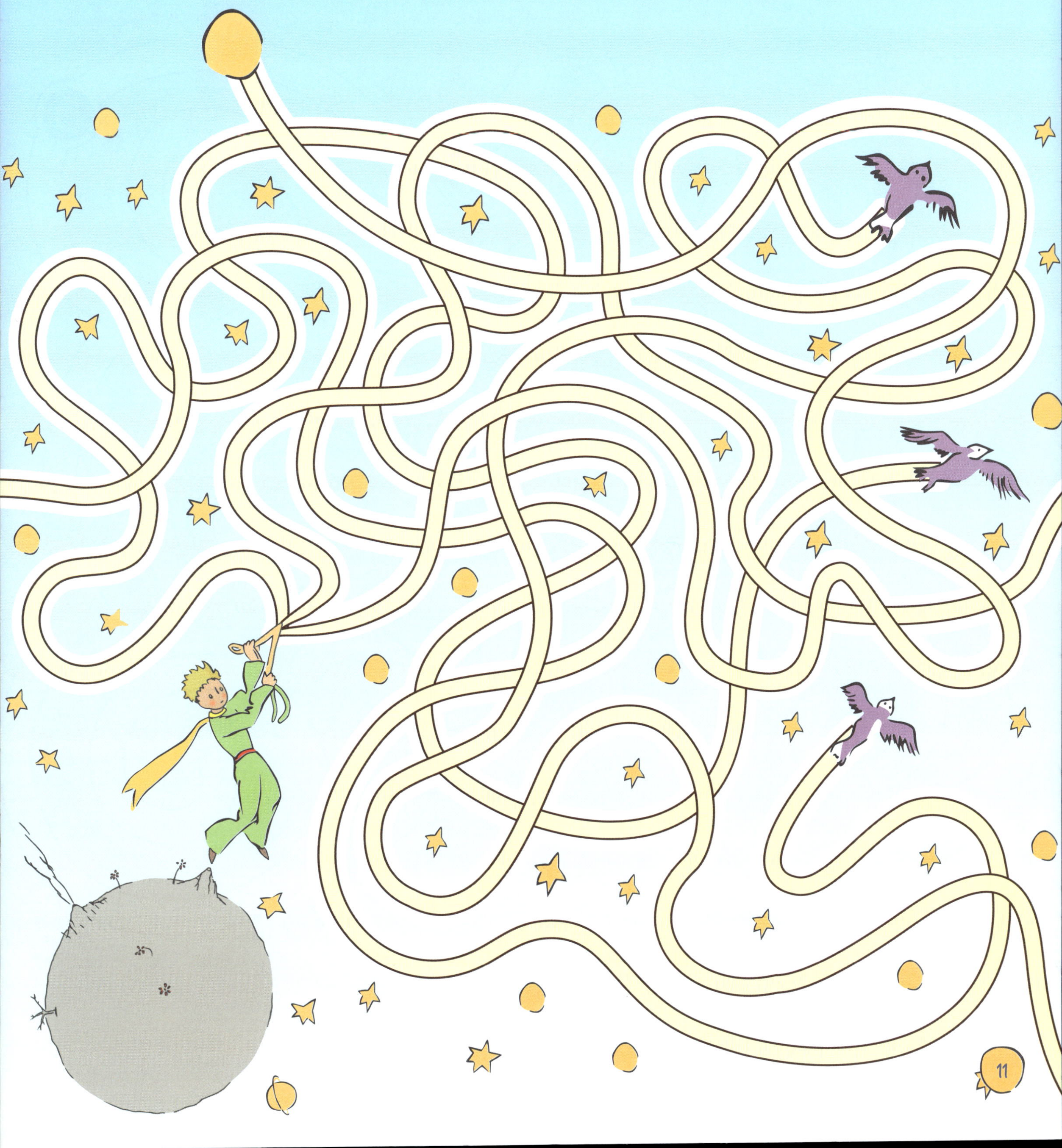

Ao chegar ao primeiro planeta, o principezinho estava muito cansado e bocejou. O rei, dono do planeta, fez uma grande careta.

— Não mandei bocejar! — disse ele.

— Mas eu estou muito cansado — disse o Pequeno Príncipe.

— Então, eu ordeno que você boceje! — disse o rei. — Se você gosta de mandar, tem que exigir só o que o outro pode dar.

O primeiro planeta era habitado pelo rei. Ele representa aquela pessoa que tem necessidade de controle e gosta de ser obedecido. No caminho correto, vai aparecer o nome de um desejo que o representa.

No segundo planeta, um vaidoso erguia seu chapéu e pedia:

— Batam palmas para mim! Não sou o mais chique, o mais inteligente, o mais fino, o mais lindo ser do planeta?

O príncipe tentou conversar com o vaidoso, mas ele não o ouviu. Vaidosos só gostam de ouvir elogios.

Quem habitava o segundo planeta era um homem que não aceitava críticas, só elogios. Percorra o caminho correto e descubra que sentimento é esse.

O terceiro planeta tinha um sujeito bem triste, debruçado em garrafas vazias. E esta foi a conversa com o Pequeno Príncipe:

— Por que bebes?
— Para esquecer.
— Esquecer o quê?
— A vergonha.
— Vergonha de quê?
— De beber!

O terceiro planeta é representado por uma pessoa que não acredita que é importante para alguém e acha mais fácil se entregar ao problema do que lutar para vencê-lo. Percorra o caminho correto e descubra quem habita o terceiro planeta.

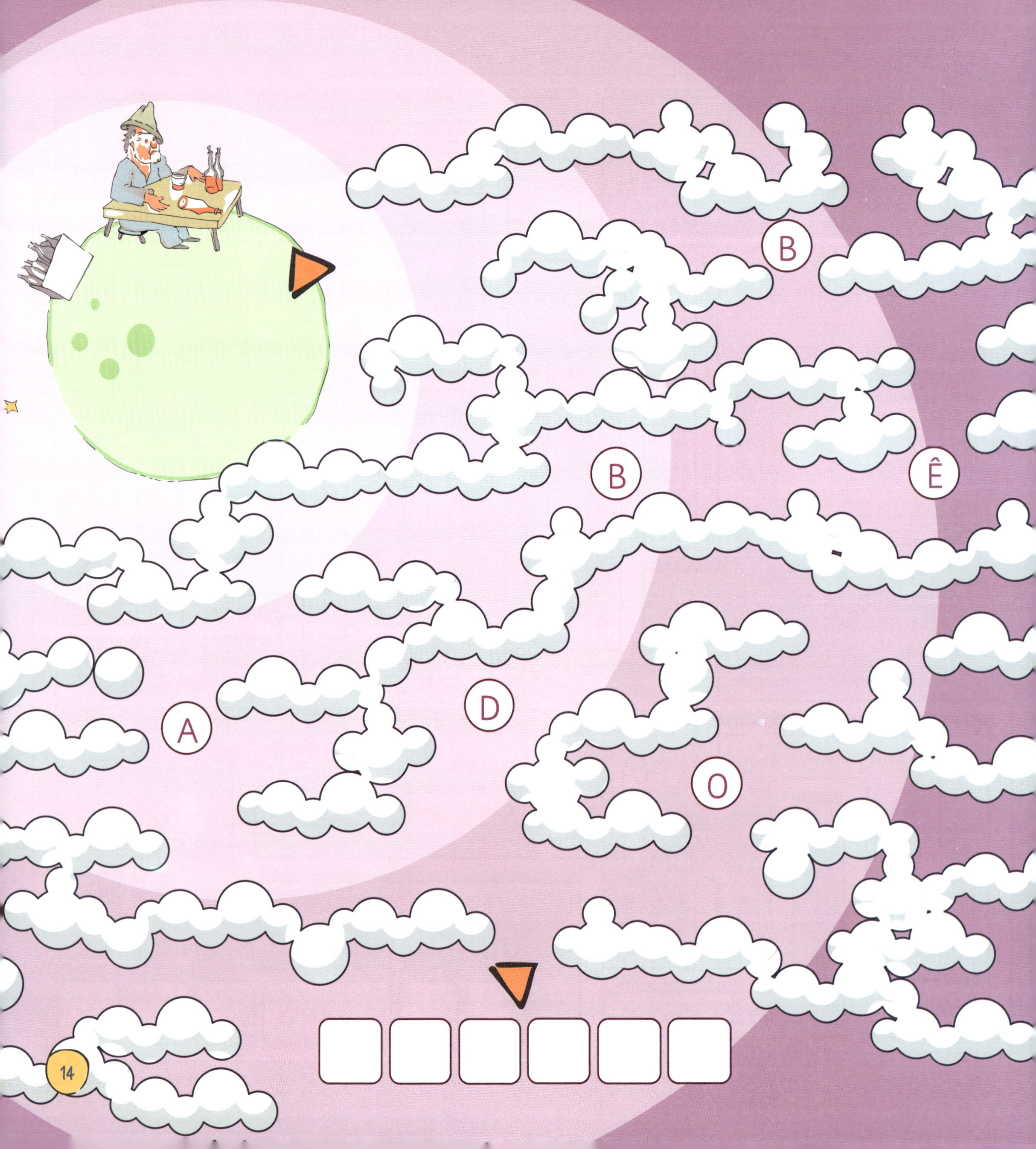

No quarto planeta, um homem de negócios só contava as estrelas e anotava em um papel, pensando que poderia possuí-las só porque as viu primeiro. Mas ele não podia possuir as estrelas... Ninguém pode.

O quarto planeta é habitado por um homem que só pensava em comprar as estrelas para acumular e vendê-las para ficar rico e cada vez comprar mais e mais estrelas! Percorra o caminho correto e descubra quem habita esse planeta.

No quinto planeta, um acendedor de lampiões corria sem parar. Ele explicou que o regulamento mandava acender o lampião do planeta de noite e apagá-lo de dia. Mas o planeta girava cada vez mais rápido, e o regulamento não mudou!

Embora seja uma ocupação útil, o acendedor não tem tempo nem para dormir. Os dias passam tão rápido que, assim que apaga o lampião, já tem de acendê-lo novamente. Ele representa as pessoas que obedecem ordens, mesmo sem saber se estão certas ou não. Pinte com as cores da legenda e veja o acendendor de lampiões em sua função.

- VERMELHO
- LILÁS
- BEGE
- MARROM
- MARROM-ESCURO
- VERDE
- AMARELO
- AZUL-CLARO
- ROXO

No sexto planeta, um velho geógrafo fazia anotações num grande livro sobre montanhas, rios e vulcões, mas não queria conhecer aquilo que ele anotava. O Pequeno Príncipe pediu que ele anotasse a flor do seu planeta, mas o estudioso lhe disse que sua flor era efêmera e poderia desaparecer.

Siga o caminho correto e descubra o significado da palavra "efêmera".

O Pequeno Príncipe ficou muito preocupado e perguntou:

— Que planeta eu deveria conhecer?

— A Terra! — disse o geógrafo. — A Terra não é um planeta qualquer; tem muitos reis, geógrafos, homens de negócio, beberrões, vaidosos e pessoas grandes.

Siga o caminho do mapa entre as estrelas, passando pelo homem de negócios, pelo rei e pelo geógrafo, nessa ordem... Mas cuidado para não pegar o caminho errado e passar pelo vaidoso e pelo beberrão.

O menino chegou à Terra e aterrissou na África, bem no meio do deserto do Saara. Viu uma serpente e achou até engraçado:

— Você é tão fininha, nem tem pernas! — disse ele.

A serpente respondeu:

— Mas tenho mais força que o dedo de um rei e posso te levar mais longe que um navio.

O Pequeno Príncipe avistou nosso planeta de longe e sobrevoou vários países. Antes de chegar ao deserto, conheça os lugares com seus monumentos, mas só aterrisse no deserto da África.

O Pequeno Príncipe continuou a caminhar, subindo até o alto da montanha. De lá, pensou que poderia avistar o que procurava e gritou.

Pinte os pontos e descubra o que o principezinho gritou.

Logo depois, chegou a um jardim de rosas. Eram milhares em um só jardim! O principezinho disse chocado:

— A minha rosa falou que era única! Então, ela mentiu para mim? Ela haveria de ficar bem vermelha se visse isto... Começaria a tossir, fingiria morrer, para escapar do ridículo. E eu, então, teria que fingir que acreditava nela; porque, só para me humilhar, ela seria bem capaz de morrer de verdade...

Em um jardim conheci milhares de rosas, mas nenhuma era tão bela e especial quanto a minha. Ajude-me no caminho correto para escapar deste jardim. Quero chorar!

Deitado na relva, ele soluçou baixinho e murmurou:

— Eu achava que tinha uma rosa muito especial, mas só tenho uma rosa comum e três vulcões que só chegam até o meu joelho. Não passo de um principezinho mixuruca!

Tem alguém escondido na toca observando o Pequeno Príncipe: que caminho esse alguém terá que fazer para chegar até o menino entre as dunas?

Foi aí que apareceu a raposa.

— Bom dia!

— Quem é? — perguntou o Pequeno Príncipe. — Não estou vendo ninguém!

— Estou aqui, escondida atrás da árvore! — disse a raposa.

O Pequeno Príncipe a achou divertida e logo pediu para brincarem. Mas ela disse que, antes, o menino teria que cativá-la.

— Cativar? O que é isso? — perguntou o Pequeno Príncipe.

Eu gostaria de me aproximar da raposa, mas preciso passar por 5 cactos e desviar das pedras. Vamos ajudar o Pequeno Príncipe?

— Você pode ser um garoto qualquer, e eu, uma raposa qualquer. Mas, se nos cativarmos, seremos únicos um para o outro. Seremos especiais! Minha vida é muito chata; todo dia é a mesma coisa; eu caço galinhas e os caçadores me caçam. Mas, se você me cativar, minha vida será cheia de sol.

No caminho correto, você precisa passar pelas galinhas, mas cuidado! Desvie do caçador até encontrar o Sol.

A raposa ensinou ao Pequeno Príncipe que devemos ter paciência para conquistar alguém e que devemos cuidar muito bem do que conseguimos na vida:

— Foi o tempo que você dedicou à rosa que a fez tão importante.

Ajude na amizade do Pequeno Príncipe e da raposa. Ela quer que ele se sente longe, mas o principezinho quer chegar cada vez mais perto. Percorra o caminho que o leve para perto da raposa.

A nova amiga aconselhou ao Pequeno Príncipe que fosse ver de novo as rosas. Assim ele compreenderia que alguma coisa estava diferente, pois há coisas na vida que não podemos ver, mas sentimos e são muito importantes:

— O essencial é invisível aos olhos.

A raposa explicou que os homens esqueceram uma verdade que o principezinho não deveria esquecer.

Percorra o caminho e descubra a frase que o principezinho nunca deveria esquecer.

Então, o menino do cabelo dourado foi rever as rosas. Agora sabia que, embora fossem muitas, não significavam muito para ele, porque foi de sua rosa que ele cuidou, tirou os bichinhos e regou. A rosa dele era única!

Leve o Pequeno Príncipe de volta ao jardim para conversar com as rosas. Mas tome cuidado com as pedras no caminho.

O Pequeno Príncipe se despediu da raposa. Ela lhe contou também que, embora ficasse triste por ele partir, estava contente, porque poderia se lembrar dele sempre que visse um campo de trigo, que era dourado, como o cabelo do menino.

Atravesse o campo de trigo no caminho feito pelo vento, para que a raposa possa se lembrar do Pequeno Príncipe.

Depois que a raposa se foi, o Pequeno Príncipe encontrou um piloto com seu avião caído no meio do deserto. Lembrou-se do trabalho que tinha em arrancar as raízes do baobá do seu planeta e pediu ao aviador que lhe fizesse um desenho.

Ligue os pontos de 1 a 56 e descubra o que o principezinho pediu para desenhar.

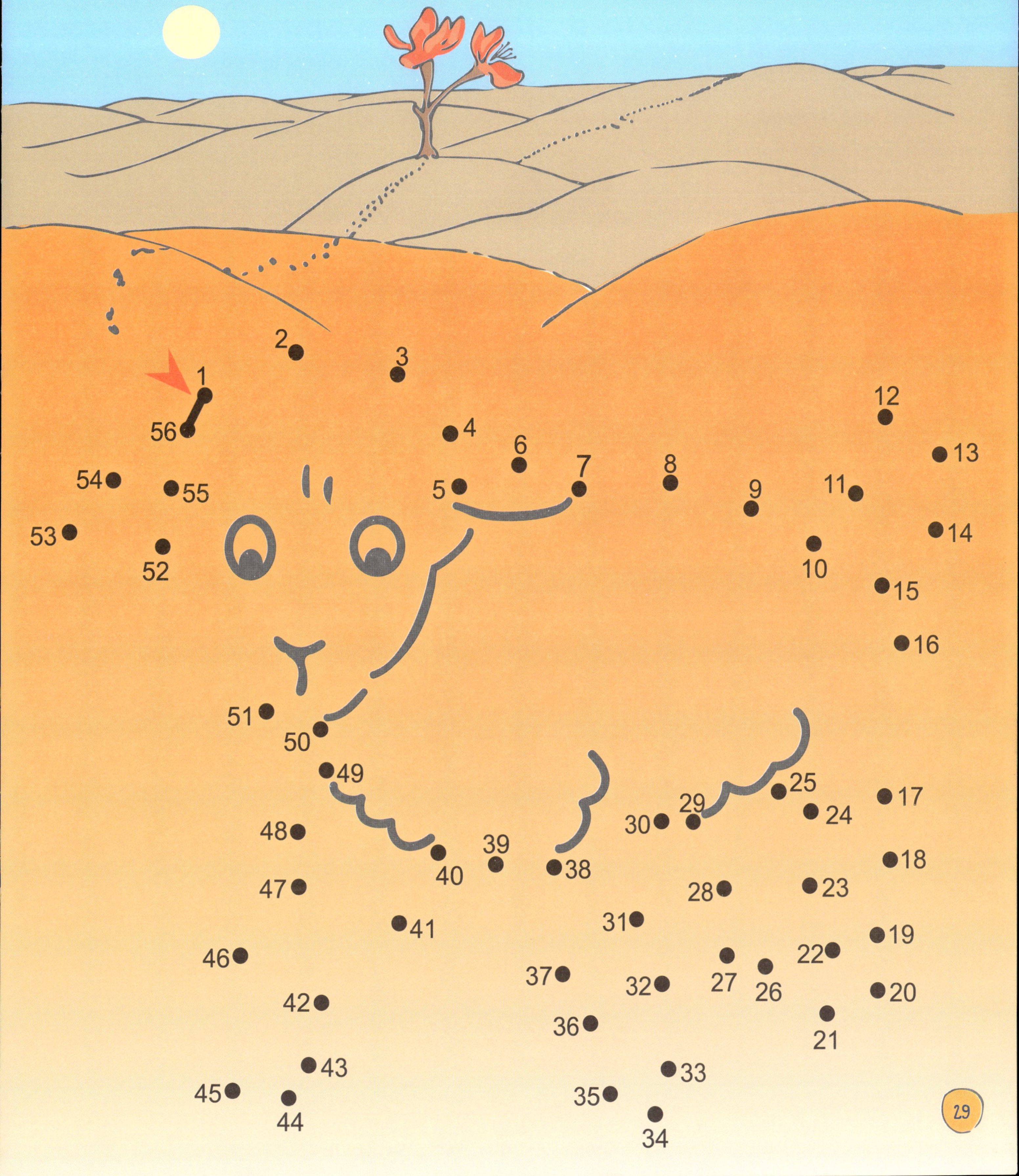

O piloto ficou surpreso ao ver um menino que parecia ter seis anos sozinho no deserto. E fez para ele o único desenho que sabia fazer: um desenho que nenhum adulto soube compreender.

— Eu não quero um elefante dentro de uma jiboia! — disse o menino.

O piloto ficou surpreso, porque, quando ele tinha seis anos, fez o mesmo desenho às pessoas grandes e elas diziam que aquilo era só um chapéu.

Ligue os pontos de 1 a 26, depois, pinte a figura e descubra o único desenho que o piloto conseguia fazer.

COMO JOGAR:

1. Com a ajuda de um adulto, recorte as cartas do encarte.
2. Misture e distribua todas elas em uma mesa, com o desenho voltado para baixo.
3. Cada jogador deve virar duas cartas por vez, buscando o par igual.
4. Se encontrar o par, a pessoa ganha o direito de jogar novamente. Caso contrário, desvira as cartas e passa a vez a outro jogador.
5. Ganha o jogo quem conseguir formar o maior número de pares iguais.

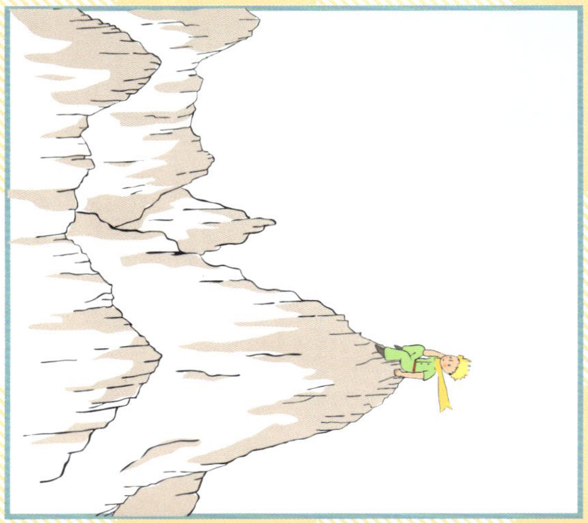

W
NW
N
NE
E
SE
S
SW

Le Petit Prince
B612
THE LITTLE PRINCE
1943
75

W
NW
N
NE
E
SE
S
SW

Le Petit Prince
B612
THE LITTLE PRINCE
1943
75

"Eu me pergunto se as estrelas são iluminadas para que cada um possa um dia encontrar a sua."

O piloto desenhou um carneiro, mas não agradou ao principezinho. Então desenhou outro e outro, e nada agradava o menino. Quase perdendo a paciência, desenhou uma caixa com três buracos e avisou:

— Seu carneiro está aí dentro!

— Era assim mesmo que eu queria! — exclamou o Pequeno Príncipe.

Na Terra, conheci um aviador que me desenhou vários carneiros, nenhum como eu precisava. Então ele desenhou a caixa que guardava meu carneiro dentro. Ajude o Pequeno Príncipe a chegar à caixa, mas desviando dos carneiros.

O menino contou ao piloto sua história.

Os dois ficaram bem amigos e estavam com muita sede. Apareceu, então, um vendedor de pílulas, dizendo:

— Toma-se uma pílula por semana e não é mais preciso beber água, a gente ganha 53 minutos por semana.

— Eu — pensou o principezinho —, se tivesse 53 minutos para gastar, iria caminhando passo a passo, em direção a uma fonte.

Sabendo que eles economizariam 53 minutos por semana, quanto economizariam em um mês? Percorra o caminho, faça as continhas e coloque o resultado no final.

Dica: um mês tem 4 semanas.

— O deserto é belo porque esconde um poço em algum lugar — disse o principezinho. Assim começaram a caminhar e, ao amanhecer, encontraram um poço. A água dele parecia um presente por todo o esforço que eles fizeram. Era doce como uma festa. Nascera da caminhada sob as estrelas. Era boa para o coração, como um presente.

Pinte os pontos e descubra qual a ideia que o Pequeno Príncipe teve e o aviador duvidou que encontrariam.

— Os homens do teu planeta cultivam cinco mil rosas num mesmo jardim e não encontram o que procuram — disse o principezinho.

O piloto concordou:

— E, no entanto, o que eles buscam poderia ser achado numa só rosa ou num pouquinho d'água.

O principezinho acrescentou:

— Mas os olhos são cegos. É preciso buscar com o coração.

Nessa caminhada pelas estrelas, a recompensa é a água do poço. Mas o deserto é cheio de surpresas... Ajude o piloto e o principezinho a percorrer o caminho de estrelas, tomando cuidado para não pegar o caminho das pedras, para chegar finalmente ao poço e matar a sede.

O principezinho estava preocupado:

— Você precisa desenhar uma mordaça para o meu carneiro. Eles comem tudo o que encontram pela frente. O carneiro pode comer a minha flor. Eu sou responsável pela minha rosa!

Leve o carneiro até a mordaça, sem passar pelas rosas.

Perto do poço, havia um muro. O piloto viu de longe o principezinho sentado no alto, com as pernas balançando. Ele conseguiu ouvir uma estranha conversa. Quando o piloto olhou para o pé do muro, levou um susto! Lá estava, erguida para o principezinho, uma dessas serpentes amarelas e perigosas. Ele correu, mas a serpente percebeu o barulho e se escondeu entre as pedras.

Leve o piloto até o Pequeno Príncipe, mas cuidado com a serpente!

— Que história é essa? Tu conversas agora com as serpentes? — perguntou o piloto.

O Pequeno Príncipe tomou coragem e respondeu:

— Está na hora de eu voltar para o meu planeta! Faz um ano que cheguei à Terra. Minha estrela deve estar justamente em cima do lugar onde caí no ano passado.

O Pequeno Príncipe está muito preocupado imaginando o que acontece em seu asteroide. Vamos mandar um pássaro para observar o que pode estar acontecendo?

O Pequeno Príncipe lhe explicou por que precisava voltar:

— Minha flor... Eu sou responsável por ela! Ela é tão frágil! Tão ingênua! Tem quatro espinhos para defendê-la do mundo, e meu carneiro pode ser perigoso para ela.

Siga o caminho para regar a flor, mas tome cuidado para não passar pelo carneiro, ele pode seguir você e devorar a flor.

O piloto sentiu muita tristeza por saber que não iria escutar mais aquela risadinha e pediu ao principezinho:

— Por favor, não vá!

O Pequeno Príncipe explicou:

— De noite, você olhará as estrelas. O planeta onde eu moro é muito pequeno para que você possa saber em qual delas eu estarei. É melhor assim. Minha estrela será, então, qualquer uma das estrelas que você vir. Você vai gostar de olhar todas elas... Todas serão suas amigas.

Siga o caminho das estrelas e descubra onde mora o Pequeno Príncipe.

O Pequeno Príncipe continuou:

— As pessoas têm estrelas que não são as mesmas. Para os que viajam, as estrelas são guias. Para os namorados, são luzes. Para os cientistas, são problemas. Para o homem de negócios, podem ser ouro. Mas você terá estrelas como ninguém.

Ligue cada pessoa à sua estrela: um piloto, um sábio e um homem de negócios.

O piloto queria entender melhor.

Então o menino continuou:

— Quando você olhar para o céu à noite, eu estarei em uma das estrelas. E estarei rindo. Então será como se todas as estrelas rissem para você! Só você terá estrelas que sabem rir!

Descubra qual é a estrela do Pequeno Príncipe.

— E, quando você se consolar, vai se sentir contente por ter me conhecido. Por isso, será sempre meu amigo. Quando tiver vontade de rir comigo, abra a janela à toa. Seus amigos ficarão espantados ao ouvi-lo rir olhando o céu. Aí é só você explicar: “Sim, as estrelas, elas sempre me fazem rir!” E eles te julgarão maluco. Será uma peça que te prego... Será tão divertido!

Pinte com as cores da legenda e veja um amigo em quem o menino sempre pensava quando olhava para as estrelas.

No dia seguinte, ao amanhecer, o piloto acordou sozinho e não encontrou mais o Pequeno Príncipe. Ele entendeu que o menino dos cabelos dourados voltou para cuidar de sua rosa.

O piloto seguiu as pegadas do Pequeno Príncipe para poder encontrar seu avião. Siga o caminho que ele fez, mas cuidado com a serpente.

Quando o piloto voltou com o avião, os amigos dele ficaram contentes de vê-lo são e salvo. Ele estava triste, mas dizia:

— É o cansaço!

Seis anos depois, ele decidiu escrever esta história, explicando:

— Sei que ele voltou ao seu planeta.

Leve o piloto do deserto onde caiu seu avião até a cidade onde ele morava quando escreveu "O Pequeno Príncipe".

Quando o piloto se lembra de que não desenhou a mordaça para prender o carneiro, pergunta-se: "Será que o carneiro comeu a flor?" Mas, depois, ele se anima e pensa: "Certamente que não! O principezinho protege a flor todas as noites na redoma de vidro e vigia bem o carneiro." Então ele se sente feliz, e todas as estrelas riem docemente.

O Pequeno Príncipe precisa levar rapidamente a redoma para proteger a rosa antes que o carneiro chegue até ela. Vamos ajudá-lo?

Seis anos depois de ter caído no deserto, o piloto Antoine de Saint-Exupéry escreveu o livro "O Pequeno Príncipe". Será uma história de verdade? Certamente, é uma história cheia de verdades!

Leve o piloto até seu livro de grande sucesso, percorrendo o caminho na sequência correta: príncipe, bêbado, acendedor de lampiões, carneiro, homem de negócios, geógrafo, serpente, rei e raposa.

Se um dia se sentir sozinho como em um deserto, espere um pouco bem debaixo de uma estrela! Se um menino vier ao seu encontro, se ele sorrir, se tiver cabelos dourados e não responder às suas perguntas, adivinhará quem é. Então, por favor, escreva depressa que ele voltou!

Pinte com as cores da legenda e deixe o Pequeno Príncipe bem colorido.

Qual personagem seria você se estivesse na história de O Pequeno Príncipe?

Faça o teste e descubra qual dos personagens tem a personalidade parecida com a sua.

1. O que é mais importante para você?

A - A sinceridade

B - A amizade

C - O amor

D - A aventura

E - A beleza

2. Como você gosta de se apresentar?

A - Silenciosamente

B - Com alegria

C - Fazendo perguntas

D - Educadamente

E - Lindo

3. O local onde você mora tem que ser...

A - Solitário

B - Divertido

C - Ao lado de quem amo

D - Onde eu me sinta útil

E - Confortável e protegido

4. Que tipo de pessoas você mais teme enfrentar?

A - Problemáticas

B - Agressivas

C - Sérias

D - Gananciosas

E - Indiferentes

5. Como você mais se sente bem?

A - Deslizando pelas areias

B - Solto pela natureza entre as árvores

C - Com amigos

D - Vivendo novas descobertas

E - Num clima tranquilo

6. Que característica as pessoas mais admiram em você?

A - Agilidade

B - Carisma

C - Gentileza

D - Coragem

E - Charme

7. Qual poder você gostaria de ter?

A - Ler a mente das pessoas
B - Sabedoria
C - Proteger a todos
D - Voar
E - Enfeitiçar

8. Qual palavra melhor define você?

A - Persistente
B - Desconfiado
C - Ingênuo
D - Preocupado
E - Vaidoso

9. Qual cheiro é melhor?

A - Terra
B - Campo
C - Rosas
D - Mar
E - O meu!

Soluções:

Se você respondeu mais vezes...

A. Você é a SERPENTE

Embora não seja muito claro em suas falas, você é o personagem mais franco de toda a história, pois não tem medo de expressar o que realmente pensa. Muito decidido! Sabe viver muito bem consigo mesmo e não espera nada do outro.

B. Você é a RAPOSA

Você é uma pessoa sábia! Parece ser tímido, mas se revela o melhor amigo que alguém pode ter. Transparente, entrega-se verdadeiramente à amizade, criando laços de confiança e fazendo com que seus amigos se sintam importantes e únicos.

C. Você é o PEQUENO PRÍNCIPE

Assim como o Pequeno Príncipe, você é uma pessoa que tem uma visão esperançosa e que está sempre aprendendo com tudo que a vida lhe proporciona. É um eterno aprendiz neste mundo louco no qual vivemos.

D. Você é o PILOTO

Você é a prova de que nunca é tarde demais para irmos ao encontro de nossos sonhos!

Sabe também que, quando aprendemos algo importante, o melhor que se tem a fazer é compartilhar generosamente com todos o que aprendeu.

E. Voce é a ROSA

Exagerado em seus sentimentos e um tanto orgulhoso. Tão lindo, que às vezes se atrapalha com tanta vaidade, é um pouquinho egoísta e centrado em si. Apesar disso, não deixa o orgulho atrapalhar seus sentimentos e sabe de seu valor.

Curiosidades

Antoine de Saint-Exupéry lançou o livro "O Pequeno Príncipe" em 1943, quando tinha 43 anos. Lá, o Pequeno Príncipe afirmava ter visto 43 pores do sol. Na tradução brasileira, o principezinho afirma ter visto 44 pores do sol. A tradução foi adaptada para homenagear o autor, que tinha 44 anos quando desapareceu.

Você sabia que existe o asteroide B-612? Em 1993, dois astrônomos, Kin Endate e Kazuro Watanabe descobriram um pequeno asteroide e o chamaram de B-612, em homenagem ao planetinha do Pequeno Príncipe.

"O Pequeno Príncipe" foi publicado em abril de 1943, durante a Segunda Guerra Mundial. Antoine estava inconformado com o que acontecia em seu país: a França fora invadida pelo exército alemão nazista. Quando desenhou os baobás, criou uma metáfora e contou que estava imbuído de um sentimento muito forte de urgência. Antoine avisara o governo da intenção dos alemães de tomar sua terra natal, antes que isso acontecesse.

Nos anos 1930, Antoine e sua esposa, Consuelo, foram morar num grande apartamento em Paris. Ela possuía um quarto só para se vestir, de um tom verde especial, que deu tanto trabalho para escolher, que Antoine lembrou com bom humor quando descreveu o nascimento da rosa.

A rosa que tanto tosse na história do Pequeno Príncipe foi inspirada na esposa do autor, Consuelo, que sofria de asma. A rosa é frágil e de personalidade forte, assim como a esposa de Antoine, que reclamava muito do frio e das correntes de vento que havia em Paris.

Assim como o Pequeno Príncipe, Antoine de Saint-Exupéry teve que deixar seu país e aproveitou a companhia de seus amigos artistas que precisavam sair da França tomada pelo governo nazista.

O autor conheceu a raposa do deserto em 1927, quando era chefe da tropa no meio de um deserto ermo, no Saara. Era uma raposa pequena, esperta e de orelhas compridas: o feneco.

Foi o próprio Saint-Exupéry que pintou com aquarela todos os desenhos da história. Ele reclamava que "desenhava muito mal", e não se considerava um "artista". Tentou estudar Arquitetura na juventude, mas abandonou o curso, e ficava fazendo caricaturas de seus amigos, enquanto escrevia cartas e romances.

Antoine se inspirou em uma experiência própria para escrever "O Pequeno Príncipe". Em 1935, durante uma tentativa de quebrar o recorde de velocidade entre Paris e Saigon, Saint-Exupéry caiu com seu avião no deserto da África. O aviador passou quatro dias perdido no deserto, até ser encontrado por beduínos que o salvaram.

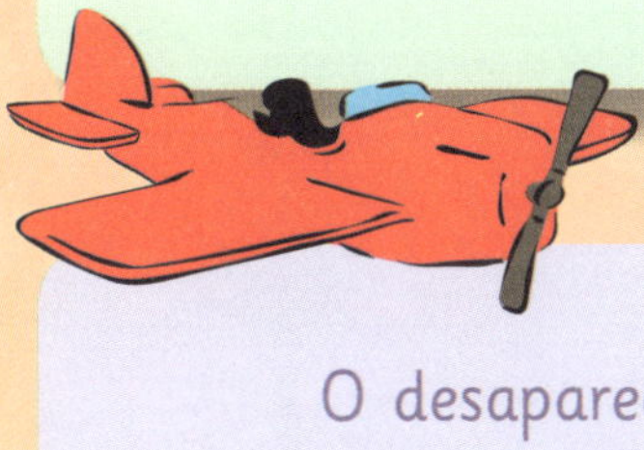

O desaparecimento de Saint-Exupéry é tão misterioso quanto o do Pequeno Príncipe. Depois de voltar ao combate, em uma missão de reconhecimento em 1944, seu avião desapareceu, e ele nunca mais foi visto.

O abecedário de O Pequeno Príncipe

O abecedário de "O Pequeno Príncipe" traz o significado das palavras de forma divertida e lúdica. Elas são muito usadas na história e guardam mensagens atemporais.

AMAR

"Se alguém ama uma flor da qual só existe um exemplar em milhões e milhões de estrelas, isso basta para que seja feliz. Ele pensa: 'Minha flor está lá, em algum lugar...'"

BAOBÁS

"Os baobás, antes de crescer, são pequenos. Mas as sementes dormem invisíveis no segredo da terra, até que uma resolva acordar. E, se a gente custa a descobrir um baobá, nunca mais se livra dele."

CATIVAR

"Que quer dizer 'cativar'? É uma coisa muito esquecida, explicou a raposa. Significa 'criar laços'."

DEDICAR

"Foi o tempo que dedicaste a tua rosa que fez tua rosa tão importante."

Estrelas

"As estrelas são todas iluminadas, para que cada um possa um dia encontrar a sua."

Flores

"Não se deve nunca escutar as flores. Só olhá-las e sentir seu perfume. A minha perfumava o planeta, mas eu queria mais. Devia tê-la julgado pelos atos, não pelas palavras."

Garoto

"Tu só és para mim um garoto inteiramente igual a cem mil outros garotos. E eu não tenho necessidade de ti. E tu não tens também necessidade de mim."

Homens

"Os homens não têm mais tempo de conhecer as coisas. Compram tudo nas lojas. Mas, como não há lojas de amigos, eles não têm mais amigos."

Invisível

"O essencial é invisível para os olhos."

Julgar

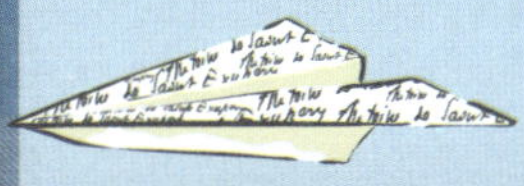

"É bem mais difícil julgar a si próprio que julgar os outros."

Lagarta

"É preciso que eu suporte duas ou três lagartas se quiser conhecer as borboletas."

Mistério

"Quando o mistério é impressionante, a gente não ousa desobedecer."

NAVIO

"Eu posso te levar bem mais longe que um navio."

OURO

"Tu tens cabelos cor de ouro. Então será maravilhoso quando me tiveres cativado. O trigo, que é dourado, vai me fazer lembrar de ti."

PESSOAS GRANDES

"Todas as pessoas grandes foram um dia criança, mas poucas se lembram disso."

QUESTÃO

"É uma questão de disciplina. Quando a gente acaba a limpeza da manhã, começa a fazer com cuidado a limpeza do planeta."

RAPOSA

"Era uma raposa igual a cem mil outras. Mas eu fiz dela uma amiga."

SEGREDO

"Este é o meu segredo. É muito simples: só se vê bem com o coração."

Tu

"Tu te tornas eternamente responsável por aquilo que cativas."

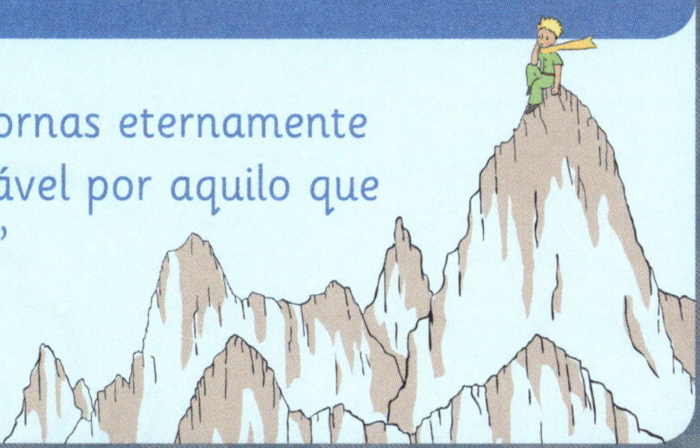

Único

"Mas, se tu me cativas, serás para mim único no mundo. E eu serei para ti única no mundo!"

Vaidosos

"Para os vaidosos, os homens são sempre admiradores. Vaidosos só ouvem elogios."

Xodó

"É apenas uma rosa, porém, para mim, é a mais importante de todas. É a minha rosa."

Zelo

"Foi dela que cuidei com todo zelo. Foi ela que eu reguei. Foi ela que abriguei sob a redoma."

Solução

4

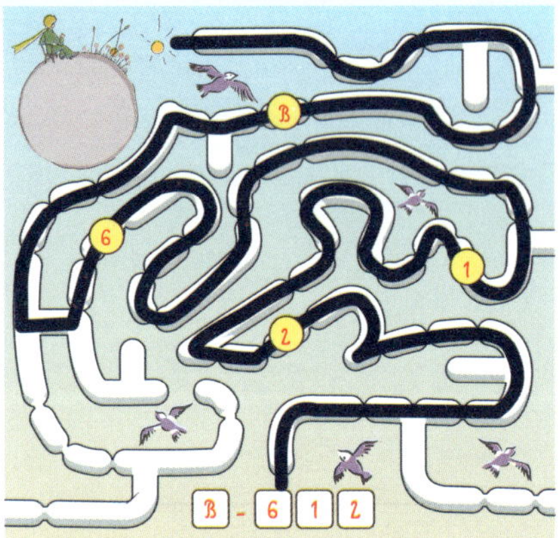

5

6

7

8

9

10

11

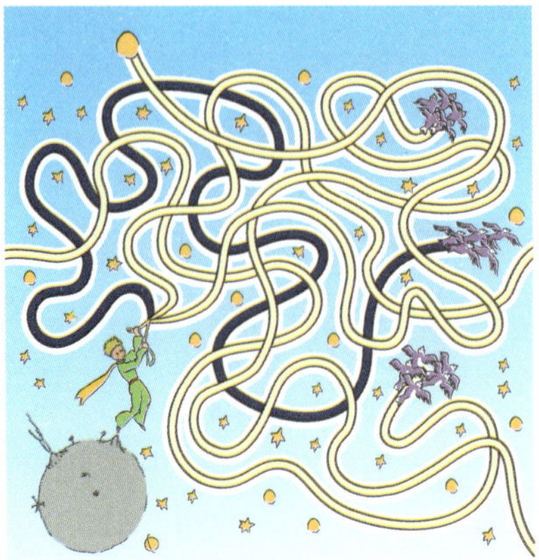

12

13

14

15

16

17

18

19

20

21

22

23

24

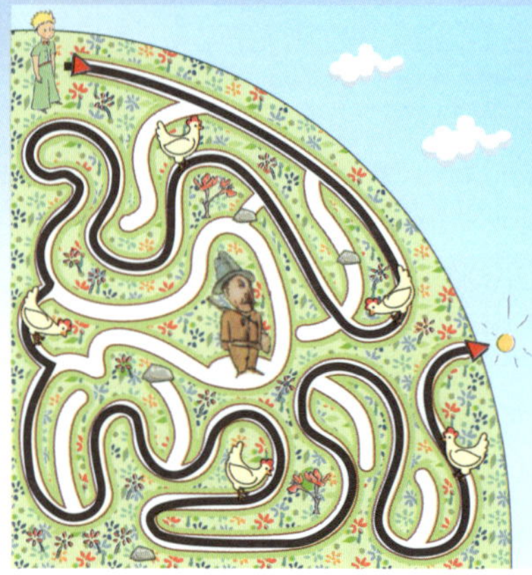

25

26

27

28

29

30

35

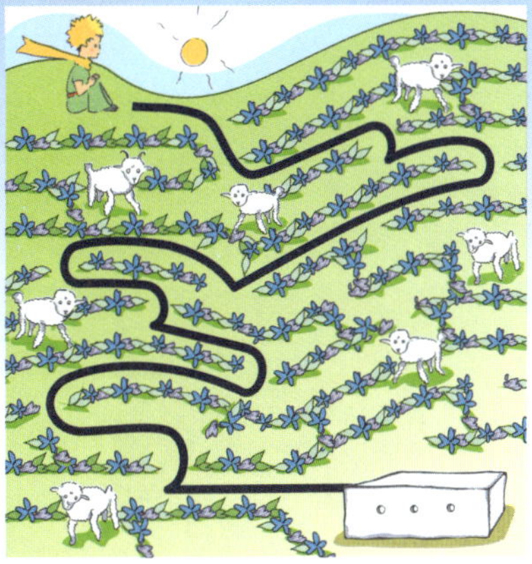

36

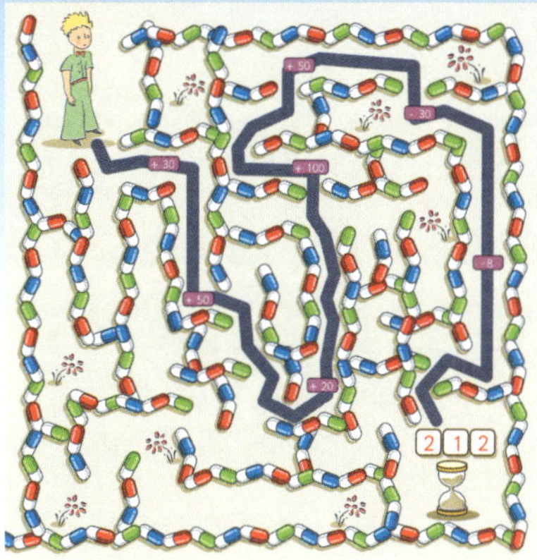

37

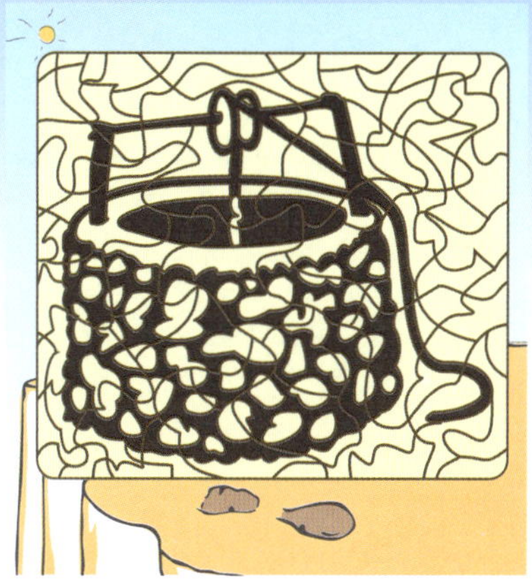

38

39

40

41

42

43

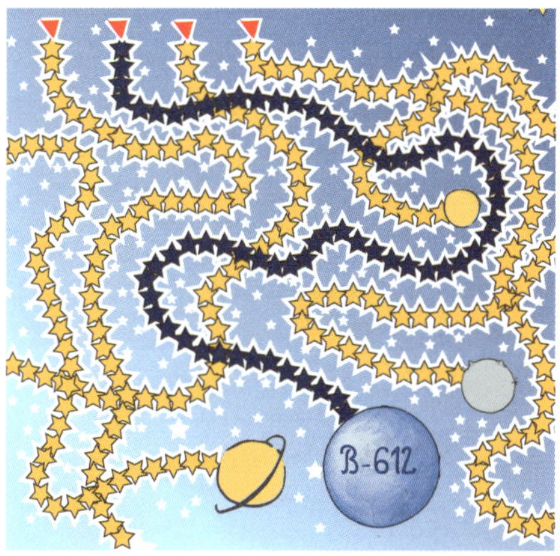

44

45

46

47

48

49

50

51